DISCOURS

D'UN FILS

A SES PERE ET MERE

A LA CINQUANTIE'ME ANNE'E

DE LEUR MARIAGE.

Prononcé avant la Messe qu'il celebra le 3.
Novembre 1717. en presence de leur
Famille, & de leurs Amis.

C'EST un spectacle bien touchant, & tout à fait digne de la pieté, Chrétienne Compagnie, de voir la Religion ramener aux pieds des Autels des Epoux qu'elle y benît autrefois par un Mariage heureux ; & l'Eglise, cette tendre mere, revoit avec joye ses enfans venir après tant d'années, lui demander une seconde benediction, renouveller à ses yeux des engagemens toujours saints, toujours respectables, & la prier de porter au souverain trône le juste tribut de leurs hommages, & de leur reconnoissance.

A

Sensibles à une faveur si rare & si précieuse, & fideles à un devoir si legitime, vous venez ici, MES TRES-CHERS ET TRES-HONOREZ PERE & MERE, présenter au Dieu des misericordes un cœur vivement penetré de ses bienfaits ; vous invitez une Famille chrétienne à se joindre à vos actions - de - graces ; & témoin moi-même d'une grande partie de ce que le Seigneur a fait pour vous, vous m'ordonnez de l'en loüer en votre nom, & de prêter mon ministere & ma voix à votre reconnoissance, & à votre amour.

Quelle satisfaction pour moi de vous obéir dans une circonstance si consolante, & de rappeller à votre souvenir des graces que je regarde comme faites à moi-même, & dont je ne puis assez remercier celui de qui vous les avez reçûës.

En effet, ne semble-t'il pas que le Seigneur ait pris plaisir à vous combler de toutes les benedictions des Patriarches. Longue vie, fecondité, santé presqu'inalterable, graces spirituelles & temporelles.

Dans le moment où vous formiez ce lien sacré, que l'Apôtre appelle *honorable*, vous lui adressiez sans doute cette Priere que l'Ecriture met dans la bouche de deux saints Epoux. *Faites-nous miseri-*

corde, Seigneur, & que nous puiſſions vivre ensemble juſqu'à la vieilleſſe dans une parfaite ſanté. Vos vœux ont été exaucez. Les ſiecles fourniſſent à peine quelques exemples d'une union auſſi conſtante & auſſi deſirable ; il eſt peu d'Epoux mieux aſſortis pour le temperament, le caractere, la ſympathie, l'humeur ; & nous pouvons aſſurer que cet amour mutuel, qui fait la douceur & la felicité de cet engagement, & qui finit ſi ſouvent avec les premiers jours, ſe ſoutient encore, & ne s'éteindra qu'avec le dernier ſoupir.

Vous vous êtes vûs ſouvent renaître dans vos Enfans, dont pluſieurs dérobez de bonne heure à la malice & à la corruption du ſiecle, ſont morts dans l'innocence, & ne ſemblent vous avoir précedé que pour vous préparer par leurs prieres le ſéjour heureux que vous devez habiter.

Une Fille aînée que les dons de la nature, de l'eſprit & du cœur, n'avoient rendu que trop capable de plaire au monde, & par là devenuë plus digne d'être conſacrée à JESUS-CHRIST, attendrit ſouvent votre cœur par le regret de ſa perte, & tire encore tous les jours de vos yeux des larmes qui font votre conſolation & ſon éloge.

Deux autres, à son exemple, ont choisi la meilleure part, en préferant la qualité d'Epouses d'un Dieu crucifié à toutes les fortunes périssables, & ne cessent de lui demander pour vous les graces de détachement & d'abnegation que vous leur avez procurées.

L'une d'elles qui m'entend, & qui vous voit au pied de cet Autel, imiter l'offrande genereuse qu'elle y a faite d'elle-même, innocemment jalouse du bonheur de ses Freres, a desiré de partager avec eux la benediction paternelle ; sous le voile sacré, la nature a reclamé des droits que la Religion respecte ; vos entrailles ont été émûës, & vous n'avez pû refuser à cette chere Fille une satisfaction si raisonnable. Mais, par un heureux retour, c'est à ses pieux empressemens que vous devez la consolation de répandre aujourd'hui les derniers efforts de votre foi dans un lieu saint, où l'on a tant de fois sollicité le Ciel en votre faveur ; de respirer cet esprit de force & de renoncement si necessaire, parmi des Vierges sages que la grace a mieux instruites que l'experience sur le neant de tout ce qui n'est pas Dieu; & d'apprendre de ces serventes Epouses l'usage que vous devez faire d'une vie que leurs prieres vous ont obtenuë.

Vous rendez ainsi, ma tres-chere Sœur, benediction pour benediction ; votre sainte Communauté, par une effusion nouvelle de sa charité, toujours ingenieuse & prévenante, fait aujourd'hui comme une espece de fête & de triomphe à celui que ses soupirs & ses larmes ont, pour ainsi dire, ressuscité; & nous sentons dans cette ceremonie la consideration qu'elle a pour le Pere & pour la Fille.

Vos autres enfans, Mes très-chers Pere & Mere, qu'une vocation moins favorable à retenus dans le monde, n'ont rien qui soit indigne de vous ; vous avez lieu d'esperer qu'ils feront honneur à l'éducation que vous leur avez donnée ; & qu'après vous avoir rendu toute l'obéïssance, tout l'amour, toute la veneration qu'ils vous doivent, ils fermeront respectueusement vos yeux, & seront un jour votre gloire & votre couronne.

Ipse clausit oculos eorum Tob. 14. 15.

Que dirai-je des évenemens de votre vie ? Une providence attentive & bienfaisante a toujours veillé sur vos besoins, & conduit heureusement toutes vos démarches. Dieu qui dispose tout avec bonté & avec sagesse, a fait servir à votre bien & à votre santification, les chagrins même, & les disgraces inseparables de la condition humaine. Sa main toute-

puiſſante vous a mis au deſſus des tribu-
lations qui vous ſont arrivées ; & cette
fâcheuſe épreuve qui a paru ſi longtems
troubler votre repos , & qui a enfin cedé
à nos deſirs , ne vous avoit été envoyée
que pour former votre patience & aug-
menter votre merite.

Long Procez heureuſement terminé.

Probatio patientiam operatur, patientia autem opus perfectum habet. Jac. I. 4.

Vous avez paſſé vos jours avec honneur , & ſans reproche. Des perſonnes
diſtinguées par leur merite , leurs Char-
ges , leur naiſſance , ont bien voulu vous
donner part à leur confiance & à leur
eſtime;& c'eſt avec raiſon qu'une Famille
qui vous aime , & qui vous honore , ne
peut retenir les mouvemens de ſa joye ,
& vient aujourd'hui , comme celle de
Tobie , vous feliciter de tous les biens
que le Seigneur vous a fait. *Veneruntque
conſobrini Tobiæ gaudentes & congratulantes
ei de omnibus bonis quæ circa illum oſtenderat
Deus.*

Tob. II. 20.

Je ſens , mon tres-cher Pere & ma
tres-chere Mere , que vous écoutez avec
un plaiſir ſecret l'hiſtoire des miſericor-
des de Dieu ſur vous ; mais j'ai des ob-
jets encore plus grands à vous propoſer ,
& voici des graces plus intereſſantes que
je montre à votre reconnoiſſance.

Et ſeneĉtus mea in miſericordia uberi. Pſ. 91. 10.

Quelle grace en effet, de trouver dans
un ſi long uſage de la vie des motifs ſi

preſſants , & des raiſons ſi fortes de la
mépriſer , & de s'en détacher ; de n'a-
voir point été ſurpris, comme tant d'autres qui ſont tombez à vos côtez , au
milieu des diſſipations de la jeuneſſe ,
dans l'embarras & le tumulte des affai-
res , dans les tenebres & l'aveuglement
des paſſions ; & de ſçavoir par experience
que tout n'eſt que neant, que vanité &
affliction d'eſprit. Oüi ; & vous pourriez
le dire mieux que moi ; les plaiſirs les
plus agreables & les plus ſéduiſans n'ont
qu'une fauſſe douceur , & ſont pleins
d'amertume ; les richeſſes & la gloire
n'ont rien de réel, & ne deſcendent point
avec l'homme dans le ſepulcre ; les amis
nous quittent en mourant , & leur foible
protection ne nous accompagne pas devant le Juge éternel. Les Enfans même ,
quelques talens qu'ils puiſſent avoir ,
quelque grande que ſoit leur fortune , ne
ſont , à proprement parler , un ſujet de
gloire qu'à proportion qu'ils ſont chré-
tiens : Enfin, quelqu'honneur qu'il y ait
de ſe trouver à la tête d'une Compagnie ◦ *Doyen de ſa*
conſiderable par elle-même , & utile par ◦ *Compagnie.*
ſes fonctions , on n'y parvient qu'après
l'avoir vû mourir, pour ainſi dire, pluſieurs fois , & c'eſt un titre humiliant qui

avertit bien ſerieuſement qu'on eſt mortel. Tout paſſe, tout perit, la vie n'eſt qu'un inſtant, & les bonnes œuvres ſeules nous ſuivent dans l'éternité.

Qu'il eſt conſolant pour un chrétien d'avoir encore le tems de compter avec la miſericorde, avant que de paroître au tribunal de la juſtice; de pouvoir expier par une humble & ſincere penitence les pechez d'une longue vie, & reparer tant de fautes preſque inevitables dans les emplois publics, & dans les inquietudes du mariage; de reconnoître enfin, après avoir longtems goûté les biens & les maux, qu'il n'y a rien de grand, rien de ſolide, rien de neceſſaire ſur la terre que de ſervir le Seigneur, & que la veritable ſageſſe conſiſte à aſſurer ſon ſalut.

Permettez-moi de vous le dire, Mon tres-cher Pere, & ſouffrez avec bonté cette marque eſſentielle, & peut-être la derniere, de mon zele & de ma tendreſſe. C'eſt pour vous occuper uniquement de ces importantes veritez, que Dieu a refermé pour quelque tems le tombeau que la mort avoit ouvert à vos yeux; & ſa miſericorde n'a peut-être prolongé vos jours que pour vous donner la conſolation de venir encore une fois les lui offrir.

Profitez d'une faveur si singuliere, & ménagez avec un soin infini des momens si courts & si décisifs. Préparez à votre Famille, non le triste appareil de ces morts déplorables & si communes, qui affligent la foi, & allarment la pieté, mais le doux spectacle d'un juste qui s'endort tranquillement au Seigneur, & la joye de vous voir mourir en chrétien.

Cum gaudio sepelierunt eum. *Tob.* 14. 16.

Acceptez en esprit de sacrifice les infirmitez de l'âge, & les maux par lesquels il plaira peut-être à Dieu de vous purifier ; dites-lui comme le Prophete : *Ne me rejettez pas, Seigneur, dans le tems de la vieillesse, & ne m'abandonnez pas dans ces jours de foiblesse, où l'on ne vit presque plus.* Consolez-vous dans vos peines avec l'Epouse fidelle que le Seigneur vous a donnée. Vous connoissez son cœur, & vous l'avez toujours aimée. Aimez-la encore plus, s'il est possible ; & récompensez, par un redoublement d'affection & de confiance, son attention continuelle sur vous & ses soins à vous plaire.

Ne projicias me in tempore senectutis & cum defecerit virtus mea, ne derelinquas me. *Ps.* 70. 10.

Pour nous, qui sommes vos Enfans, (reconnoissez ici votre cœur & vos sentimens, mes Freres & mes Sœurs qui m'écoutez) pour nous, contens de ce que vous avez fait pour notre éducation, & charmez d'avoir occasion de vous en témoigner publiquement notre reconnoissance, nous ne vous demandons plus rien que votre propre salut; vous avez assez vêcu pour nous, ne pensez plus qu'à vivre pour vous-mêmes. Laissez-nous pour heritage la justice & la paix, & faites-nous recuëillir dans le souvenir de vos vertus, une succession mille fois plus précieuse que tous les tresors de la terre. Prenez plaisir à rassembler vos Enfans dans votre maison; & avec cette autorité que l'âge, la sagesse, l'experience, donnent aux dernieres instructions d'un bon Pere & d'une bonne Mere, repetez-leur sans cesse ces tendres paroles d'un grand Apôtre [a]: *Mes chers Enfans aimez-vous les uns les autres.* Gravez dans leur esprit & dans leur cœur ces admirables leçons du saint homme Tobie [b]: *Mes Enfans, servez le Seigneur dans la verité, & travaillez à faire ce qui lui est agreable; recommandez avec soin à tous ceux qui vous appartiennent de faire des œuvres de justice, & des aumônes; de se souvenir de Dieu, & de le benir en tout tems.*

Par là vous nous édifierez, vous nous instruirez, vous nous consolerez; & si nous ne meritons pas que Dieu renou-

---

[a] *Filioli diligite invicem.* L'Apôtre S. Jean sur la fin de sa vie, repetoit continuellement ces paroles à ses Disciples.

[b] *Tobias vocavit ad se filium suum & filios ejus nepotes suos, dixitque eis: Audite, filii mei, patrem vestrum. Servite Domino in veritate, & inquirite ut faciatis quæ placita sunt illi, & filiis vestris mandate ut faciant justitias & eleemosynas, ut sint memores Dei, & benedicant eum in omni tempore.* Tob. 14. 5. 10. 11.

velle votre jeunesse , comme celle de l'Aigle [c], nous le supplierons du moins avec instance, qu'il vous fasse éprouver l'heureux sort de ce saint Patriarche , dont le saint Esprit a honoré les derniers jours par ce beau panegyrique: [d] *Le réste de sa vie se passa dans une joye sainte , & ayant beaucoup avancé dans la crainte de Dieu, il mourut dans la paix.*

Vous mourrez , il est vrai ; mais la mort ne vous effacera point de notre cœur; vous y vivrez malgré la révolution des années , & l'ingratitude des enfans de ce siecle. Votre memoire sera immortelle & en benediction parmi nous ; l'odeur de votre pieté & de vos exemples se conservera cherement dans votre posterité ; & nous esperons de la bonté de Dieu qu'on pourra dire de votre Famille ce qu'on disoit de celle du saint modele que je ne puis assez vous mettre devant les yeux : *Tous ses Alliez & tous ses Enfans persevererent avec fidelité dans une bonne vie & dans une conduite sainte , & ils furent aimez de Dieu & des hommes.*

Joüissez donc, heureux Epoux, d'une destinée si digne d'envie, remplissez des esperances si douces & si consolantes , & mettez à profit des misericordes si rares & si extraordinaires.

[c] *Renovabitur ut aquilæ juventus tua.* Ps. 16. 25.

[d] *Reliquum vitæ suæ in gaudio fuit, & cum bono profectu timoris Dei perrexit in pace.* Tob. 14. 4.

Omnis autem cognatio ejus & omnis generatio ejus, in bonâ vitâ, & in sancta conversatione permansit; ita ut accepti essent tam Deo quam hominibus. Tob. 14. 17.

Ce font les vœux que va porter au faint Autel le Miniftre que vous avez donné à l'Eglife ; ce font les fentimens & les defirs du plus fincere & du plus refpectueux ami que vous ayez au monde ; c'eft la voix, c'eft le cœur de votre Fils.

Priez pour eux & pour moi.

APPROBATION.

J'Ai lû un Manufcrit intitulé *Difcours d'un Fils à fes Pere & Mere , a la cinquantiéme année de leur Mariage , prononcé , &c.* Fait à Paris ce 9. Janvier 1718.

PASTEL.

PERMISSION.

VU l'Approbation de M. l'abbé Paftel , Docteur de Sorbonne, permis d'imprimer. Ce 9. Janvier 1718.

M. R. DE VOYER D'ARGENSON.

Regiftré fur le Livre de la Communauté des Libraires & Imprimeurs de Paris N 1072. conformement aux Reglemens & notamment à l'Arrêt de la Cour du Parlement du 3. Decembre 1705. A Paris le 19. Janvier 1718.

DELAULNE, Syndic.

De l'Imprimerie de JEAN-BAPTISTE LAMESLE, rue du Foin, à la Minerve. 1718.